Calamity Mamie
à l'école

© Éditions Nathan/HER (Paris-France), 2000
© Nathan/VUEF, 2001 pour la présente édition
Conforme à la loi n° 49956 du 16 juillet 1949 sur les publications destinées à la jeunesse
ISBN : 2.09282483-X
Impression et reliure en France : Pollina - L 92424 b
N° projet 10110746- dépôt légal mars 2004

ARNAUD ALMÉRAS

Calamity Mamie
à l'école

Illustrations de Jean-Louis Besson

Papa et maman étaient partis

une semaine pour

un voyage en amoureux.

En leur absence,

c'était Calamity Mamie

qui s'occupait de nous.

Comme vous le savez peut-être,

c'est le surnom qu'on a donné

à notre grand-mère, car elle fait

tout le temps des bêtises !

Ce matin-là, mamie
nous a conduits à l'école,
ma sœur Élise et moi.
Élise tenait dans ses bras Nelson,
le chiot blanc qu'elle a eu
pour son anniversaire.
Arrivée devant l'école, Élise
a serré le petit chien sur son cœur :
– À ce soir, mon Nelson adoré !

Déjà, la sonnerie retentissait.
Nous sommes vite allés nous
mettre en rang, pendant que mamie
tentait de mettre le chiot en laisse
pour le ramener à la maison.
Évidemment, Nelson avait envie
de jouer avec Élise et,
pour la rejoindre, il a sauté
des bras de mamie.

– Reviens ici ! a crié mamie
en se mettant à courir après lui
dans la cour.

J'aurais bien voulu l'aider,
mais la maîtresse m'a dit :

– Romain, monte vite en classe !

J'ai dû obéir, bien obligé.
La maîtresse a fait l'appel du matin,
et, juste après, j'ai levé le doigt
pour demander la permission
d'aller aux toilettes.

– Tu ne pouvais pas y penser
avant ? a soupiré la maîtresse.

En fait, j'avais trouvé une
bonne excuse pour savoir si
Mamie avait rattrapé Nelson.

Je me dirigeais lentement vers les toilettes tout en regardant dans la cour, lorsque des cris ont jailli au bout du couloir :
– Nelson, viens ici !
C'était mamie qui poursuivait toujours le chiot d'Élise !

Le directeur est apparu derrière elle.
Il avait l'air très fâché :
– Non mais, quel est ce cirque ?

À cet instant, le petit chien a fait demi-tour. Mamie s'est baissée pour l'attraper mais elle a glissé et Nelson a filé entre les jambes du directeur.

– Oh ! Quelle cata...
a crié mamie.

En perdant l'équilibre,
elle a donné un coup de coude
dans la vitre de l'alarme incendie
installée dans le couloir.
Puis elle s'est agrippée au bras
du directeur, l'entraînant dans
sa chute, tandis que Nelson
disparaissait dans les escaliers.

Le directeur semblait furieux,
mais je n'entendais pas ce qu'il
disait parce qu'une sonnerie
très forte s'était mise à résonner
dans toute l'école :
Woooooouuuuuuuuuuuuuuuu !

Ce n'était pas le moment
de tomber nez à nez
avec le directeur et je suis vite
retourné dans ma classe.
La maîtresse avait déjà fait lever
les élèves :
– Mettez-vous en rang
calmement...

Quelques minutes plus tard,
toutes les classes se retrouvaient
dans la cour.
Les maîtresses discutaient
ensemble :
– Il n'y a pas de fumée !
Et ça ne sent pas le brûlé...
– C'est peut-être l'exercice
d'évacuation, comme tous
les ans.

C'est alors qu'on a vu accourir
Nelson qui s'était réfugié
dans le préau. Tout le monde
voulait le caresser :
– Petit chien, viens me voir !
– Viens ici, petit chien !

Mais Nelson cherchait Élise
et, dès qu'il l'a aperçue,
il lui a sauté dans les bras.
– Qu'est-ce que tu fais ici ?
s'est étonnée ma petite sœur.

À son tour, le directeur
est apparu dans la cour,
suivi de Calamity Mamie.
Il faisait de grands gestes
et s'est dirigé vers les maîtresses :
– Il n'y a pas d'incendie,
vous pouvez retourner
dans vos classes !

Seulement, nous étions excités
comme des puces. Impossible
de nous mettre en rang !

À cet instant, les pompiers
sont arrivés au pas de course,
déroulant un long tuyau.
– L'alarme incendie s'est
déclenchée dans la caserne,
a dit le capitaine des pompiers.
Que se passe-t-il ?

– Je suis désolé que vous vous
soyez dérangés, je n'ai pas eu
le temps de vous téléphoner,
s'est aussitôt excusé le directeur.
C'est un incident stupide...

Puis il s'est tourné
vers Calamity Mamie :
– Toutes mes félicitations !
 Calamity Mamie est devenue
écarlate, elle est allée prendre
Nelson dans les bras
de ma petite sœur
et s'est dirigée vers la sortie.

En franchissant la grille
au milieu des pompiers,
elle s'est tournée vers le directeur
pour s'excuser :
– Je suis désolée, vraiment
désolaaaaaah !
    Au cri terrible de mamie,
tout le monde s'est retourné.

Elle venait de percuter le livreur
qui apportait les plats
de la cantine. Sous le choc,
il a lâché son chariot.
Calamity Mamie
est tombée dessus à plat ventre
et elle s'est mise à rouler ainsi
jusqu'au bord du trottoir,
avant de faire un plongeon
au fond de la camionnette,
dont les portières arrière
étaient restées ouvertes.

Le capitaine des pompiers
s'est précipité pour l'aider :
– Ça va, rien de cassé ?
– Non, non, j'ai eu plus de peur
que de mal, a-t-elle répondu.

Pauvre mamie, elle était couverte
d'épinards à la crème !
– Où est passé Nelson ?
a-t-elle soudain demandé.
– Il est là, votre Nelson !
a crié une grosse voix.
    Le directeur, à quatre pattes,
venait d'attraper le chiot.

Il l'a tendu à Calamity Mamie,
puis il a supplié le capitaine
des pompiers :
– Et surtout, ne la quittez pas
des yeux tant que je n'ai pas refermé
la grille...
Ce n'est pas une grand-mère,
c'est un véritable cyclone !

Arnaud Alméras

Il est le papa de trois petites filles :
Camille, Chloé et Léa.
C'est après avoir bien observé leur grand-mère
qu'il imagine les aventures de Calamity Mamie.
Elle lui ressemble beaucoup !

Jean-Louis-Besson

Il est né à Paris en 1932. Après avoir consacré
ses études à illustrer ses cahiers de brouillon,
il a travaillé pour la publicité, la télévision et
bien sûr l'édition de toutes sortes de livres.
Il est aujourd'hui grand-père et craint
que ses deux petits-enfants n'écrivent bientôt
un livre sur les bêtises de leur papy.

Retrouve Calamity Mamie, Élise et Romain
en " Première Lune " dans :
Calamity Mamie
Les vacances de Calamity Mamie
Le Noël de Calamity Mamie
Calamity Mamie et bébé Chloé
Calamity Mamie n'en rate pas une !
Calamity Mamie au grand stade

DANS LA MÊME COLLECTION

ARNAUD ALMÉRAS • Série « Barbichu », illustrée par Jean-François Martin : *Barbichu et la machine à fessées - Barbichu et le détecteur de bêtises* • Série « Calamity Mamie », illustrée par Jean-Louis Besson : *Calamity Mamie - Les vacances de Calamity Mamie - Le Noël de Calamity Mamie - Calamity Mamie et bébé Chloé - Calamity Mamie à l'école - Calamity Mamie se marie - Calamity Mamie au grand stade - Calamity Mamie n'en rate pas une* •

HUBERT BEN KEMOUN • Série « Nico », illustrée par Régis Faller : *Tous les jours, c'est foot ! - Même pas cap ! - C'est quoi ta collec ? - Comme une grenouille - À fond les rollers ! - J'ai 30 ans dans mon verre - Maudit Mardi Gras ! - Tu veux sa photo ?* •

CLOTILDE BERNOS • *La Diva Maria Gertruda !* illustré par Teresa Sdralevich •

JEAN-MICHEL BILLIOUD • *Le vélo, c'est trop dur !* illustré par Cyril Cabry •

ANNIE BROCHET • *L'ogresse de la cantine*, illustré par Anaïs Massini •

FLORENCE CADIER • *Qui est Laurette ?*, illustré par Stéphane Girel •

CLAUDE CLÉMENT • Série « Barbaclou », illustrée par Rémi Saillard : *Princesse Chipie et Barbaclou* •

JEAN-LOUP CRAIPEAU • *Chipie-Cata et la sorcière*, illustré par Yves Calarnou •

FRANÇOIS DAVID • *Allô papa, raccroche !* illustré par Robert Barborini • *Comme des frères*, illustré par Frédéric Rébéna • *Vive le progrès !* illustré par Fabrice Turrier • *Attention, chien pas méchant !* illustré par Béatrice Rodriguez •

ELSA DEVERNOIS • *Qu'est-ce que tu me donnes en échange ?*, illustré par Pierre Bouillé •

DANIELLE FOSSETTE • *Je ne veux pas aller au tableau !* illustré par Véronique Boiry • *Je me marierai avec la maîtresse*, illustré par Jean-François Dumont •

JACQUELINE FRASCA • *Dent de loup*, illustré par Yves Calarnou •

RENÉ GOUICHOUX • *Moi, Ferdinand, quand j'étais* pirate illustré par Christophe Merlin •

ALAIN GROUSSET • *Mes premières vacances tout nu*, illustré par Bruno Salamone • *J'ai été mordu par un extraterrestre !* illustré par Martin Jarrie •

ANNE ET CLAUDE GUTMAN • *Comment se débarrasser de son petit frère ?*, illustré par Serge Bloch •

CLAUDE GUTMAN • *Doudou Premier*, illustré par Christophe Blain • *Mon dernier cours de violon*, illustré par Éric Meurisse •

Dans la même collection

CATHERINE LAMON-MIGNOT • *Gentil squelette cherche amourette*, illustré par Dominique Corbasson • *Y'a un fantôme dans les cabinets !* illustré par Joëlle Passeron • *La mère Fouettarde*, illustré par Gaétan Dorémus •

THIERRY LENAIN • Série « Mademoiselle Zazie », illustrée par Delphine Durand : *Mademoiselle Zazie a-t-elle un zizi ?* - *Mademoiselle Zazie veut un bébé* • Série « Bravo Léo », illustrée par Serge Bloch : *Crocodébile* - *Au secours, les anges !* • *Menu fille ou menu garçon ?*, illustré par Catherine Proteaux • *Vive la France !* illustré par Delphine Durand • *Le livre qui fait peur*, illustré par Gaétan Dorémus • *Le mariage, c'est pour les nuls !* illustré par Charles Dutertre • *Jim le cow-boy et Cochise l'Indien*, illustré par Jörg Mühle • *Bouboule rêve*, illustré par Jean-Marc Mathis •

DIDIER LÉVY • Série « Le chevalier Bill Boquet », illustrée par Vanessa Hié : *Les grands débuts du chevalier Bill Boquet* - *Le chevalier Bill Boquet au château de l'Araignée* • *Le chevalier Bill Boquet et la belle pou* • *Lino dans de beaux draps*, illustré par Magali Bardos •

GENEVIÈVE NOËL • *Un super anniversaire*, illustré par Yves Calarnou •

YVES PINGUILLY • *Les vacances du poisson rouge*, illustré par Fabrice Turrier •

MICHEL PIQUEMAL • *Laissez passer les biquettes !* illustré par Benjamin Chaud •

ANN ROCARD • Série « Garou-Garou », illustrée par Christophe Merlin : *Le loup qui avait peur de tout* - *Le loup qui tremblait comme un fou* - *Le loup qui n'avait jamais vu la mer* - *Le loup qui sifflait trois fois* • *Le vampire qui avait mal aux dents*, illustré par Claude et Denise Millet •

BÉATRICE ROUER • Série « Jennifer, Laetitia et Olivier », illustré par Rosy : *T'es plus ma copine !* - *Mon père, c'est le plus fort !* - *Le pestacle et les pétards* - *Nulle en calcul !* - *Tête à poux* - *La maîtresse en maillot de bain* - *Le fils de la maîtresse* - *Je le dirai à ma mère !* - *C'est mon amoureux !* - *La tête à Toto* - *Le fantôme des oubliettes* - *Le monstre c'est mon frère !* • *Panique et chasse d'eau !* •

MARJANE SATRAPI • *Les monstres n'aiment pas la lune*, illustré par l'auteur •

EMMANUEL TRÉDEZ • *Et si les poules avaient des dents ?*, illustré par Éric Gasté •

CLAIRE UBAC • *Hugo n'aime pas les filles*, illustré par Jean-François Dumont • *Comment j'ai trompé la petite souris*, illustré par Alice Charbin •

ZIDROU • *Le grand amour de Mathurin Pinpin*, illustré par Yves Calarnou •